どっちを選ぶ？クイズで学ぶ！

インターネットサバイバル

全3巻 内容説明

1 インターネット

・百科事典サイトを見つけた！当然正しいことが書かれているよね？

・宿題に役立ちそうなサイトを発見！文章をそのまま写してもいい？

・コンピューターウイルスってよく聞くけど、感染するとどうなるの？

・動画の再生ボタンをクリックしたら、お金を請求された！ どうする？　など

2 SNS・メール

・SNSの投稿で書きこんではダメなことってあるの？

・撮った写真をSNSに投稿したい！アップしちゃいけないのは？

・大好きなアーティストの写真。応援になるし、アップしていいよね？

・友だちにメッセージを送ろう！やってはいけないことって？　など

3 ゲーム・音楽・動画

・無料ダウンロードできるオンラインゲームがある！ でも本当に無料なの？

・アカウントを貸したらレベル上げをしてくれるって！ お願いしてもいい？

・好きな曲をスマホで聴きたい！どの音楽アプリからダウンロードしよう？

・みんなに見せたいテレビ番組。録画して動画サイトにアップしてもいい？　など

どっちを選ぶ?クイズで学ぶ!

インターネットサバイバル

監修 鈴木朋子
（スマホ安全アドバイザー）
イラスト 大野直人

インターネット

日本図書センター

はじめに

調べものをしたり、SNS（ソーシャル・ネットワーキング・サービス）で友だちと会話をしたり、ゲームや音楽を楽しんだり……。インターネットは、楽しくて便利なもの。みなさんのなかにも、利用している人がたくさんいると思います。

でも、じつはネットには、とてもこわい面もあります。注意して利用しないと、まわりに迷惑をかけてしまうことや、犯罪に巻きこまれてしまうことだってあるのです。

この本に登場する２人の主人公にも、まちがったネット情報、コンピューターウイルス、著作権の問題、詐欺サイトによる不正請求など……、さまざまな危険がせまります。はたして２人は危険から自分を守れるでしょうか？　なにが正しいのか、どんな行動をとればいいのか、みなさんも２人といっしょにクイズに答えながら、考えてみてください。

この本を読んで、ネットの正しい知識や使い方を知っておけば、自分を守れるだけでなく、まわりの人たちに迷惑をかけない行動だってできます。ネットはとても便利なもの。こわいからといって遠ざけてしまうのは、もったいないことです。この本をトラブル対策に役立てて、楽しんでください。

スマホ安全アドバイザー　鈴木朋子

＊SNSの多くは13歳未満の登録を禁止しています。しかし、実際に利用している子どもが多い実情を考慮して、本書ではとりあげています。

この本の見方

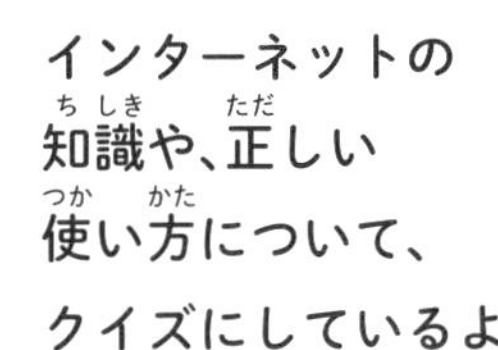

インターネットの知識や、正しい使い方について、クイズにしているよ。

問題のむずかしさを３段階で表示しているよ。

問題の答えをイラストとともに紹介するよ。

むずかしさ★★★

10

危ないサイトが出ることも

インターネットで検索すると、検索したことばがふくまれるいろいろなサイトが、ずらっと画面にならぶよね。なんとなく、上のほうにあるサイトがよいように思えるけれど、そうとも限らないよ。じつはお金をはらったり、サイトのつくり方をくふうしたりすることで、自分のサイトを検索結果の上のほうに表示させることができるんだ。だから、上にあるからといって、安全でまちがいがないとはいえないよ。

クイズ深掘り！

いろいろある検索サイト

検索サイトにはたくさんの種類があって、国によっても使われるサイトがちがうんだ。日本ではGoogle、Yahoo！、Bingなどがよく使われていて、検索画面や検索結果がちがうなど、それぞれに特徴があるよ。ちなみに検索サイトは検索エンジンともいうんだ。

11

問題の選択肢だよ。どちらが正しいか自分で考えてみよう。

答えについてくわしく説明しているよ。

問題に関係することがらを紹介するコラムだよ。

カイト

この本の主人公のひとり。インターネットに興味をもったばかりの初心者。

アヤメ

この本の主人公のひとり。インターネットにはまり、スマホをほしがっている。

サバイバルマスター

インターネットを知りつくしたアドバイザー。

もくじ

入会しました！
すぐに50,000円を
はらってください！

プロローグ　はじめてのインターネット！

カイトの家にパソコンはないの?
あるけど使わないなぁ

使ってみなよ!インターネットおもしろいよ!
もったいない!

インターネットは世界中のコンピューターをつないでいるのよ!
パソコンやスマホ、タブレットなどを使ってさまざまな情報を集めることができるんだから!
ばっ
それくらいは知ってるけどね

わたしは早く自分用のスマホがほしいの!
絶対に手に入れるから!

今日もパパにおねだりしなくっちゃ♪
じゃーねー
ばいばーい

インターネットかぁ…
帰ったらやって
みようかな?

ガチャ
ただいま～

あっ! これ
お得かもー!
ええ～っ!
これも安い!
ん? ママの声だ…
なにしてるんだろう?

ええ～どうしよう…
どっちがいいかなぁ～

ぼくも
インターネット
やってみようかな～
わっ!!
おかえり
カイト!!
ネット
ショッピングに
夢中に
なりすぎて
気づかな
かった…

そっ…そうね!
小学校でもパソコンを
使うみたいだし…
やってみる?
うん!

ぷる
ぷる

カイト…
さすがに
緊張しすぎ
じゃない？
ぷる
ぷる

まずは
なにを調べて
みたい？
んん～～っ

テストの点数を
上げたいから
勉強法を調べて
みよう！
キリッ

あら？ 意外と
マジメな答えで
お母さんうれしい！
カタ
カタ

ザッ
よーし!!
これでさっそく
検索だぁー!!
検索

問題1 検索サイトで検索してみた! 上に出てくるサイトほど安心かな?

むずかしさ★★★

A 安心してもよい

B 安心とは限らない

安心とは限らない

危ないサイトが出ることも

インターネットで検索すると、検索したことばがふくまれるいろいろなサイトが、ずらっと画面にならぶよね。なんとなく、上のほうにあるサイトがよいように思えるけれど、そうとも限らないよ。じつはお金をはらったり、サイトのつくり方をくふうしたりすることで、自分のサイトを検索結果の上のほうに表示させることができるんだ。だから、上にあるからといって、安全でまちがいがないとはいえないよ。

「広告」と書かれたサイトは、上になるようお金をはらっているよ

クイズ深掘り！

日本でよく使われている 検索サイト

Google Yahoo! Bing など

いろいろある検索サイト

検索サイトにはたくさんの種類があって、国によっても使われるサイトがちがうんだ。日本ではGoogle、Yahoo！、Bingなどがよく使われていて、検索画面や検索結果がちがうなど、それぞれに特徴があるよ。ちなみに検索サイトは検索エンジンともいうんだ。

問題2 百科事典サイトを見つけた！当然正しいことが書かれているよね？

むずかしさ★★★

A まちがいが書かれていることも

キリン柄のライオンもいる。

B 事典だからまちがいはない

キリンは草食。

まちがいが書かれていることも

一般人が書きこんでいる場合も多い

ネット上には、本の事典をもとにしているものや、専門家が書いているものなど、さまざまな百科事典サイトがあるよ。有名なWikipediaは新しい情報をだれでも書きこめるようになっているんだ。だけど、そのいっぽうで、まちがいやかたよった内容がのっていることも多いんだよ。

調べものをするときは、1つのサイトだけじゃなく、ほかのサイトや本もいっしょに利用して、正しい情報か確認しよう。

判断がむずかしいときはおとなに相談しよう

クイズ深掘り！

質問サイトの回答にも注意

気になったことがあるときに質問を投稿すると、アドバイスをもらえる質問サイト。Yahoo!知恵袋などが有名だね。とても便利だけど、回答してくれた人が専門家ではないことも多いんだ。だから、まちがった知識が書かれていることもあるということを知っておこうね。

問題 3

宿題に役立ちそうなサイトを発見！文章をそのまま写してもいい？

むずかしさ★★★

答え B

勝手に文章を写してはダメ

勝手に使うと法律違反になることも

ネットでだれでも見られる文章でも、それを勝手に写してしまうと「著作権」という権利をおかしたことになってしまうよ。著作権とは、文章やイラストなどの作品をつくった人がもつ権利。作品はつくった人のものだから、ほかの人は許可なく勝手に使うことはできないんだ。

この権利をおかすと法律違反となって、罰金をはらったり、刑務所に入ったりしなければならなくなることもあるよ。

罰金は最大で一千万円になる場合もあるよ

クイズ深掘り!

著作権は作品をつくった人全員に

文章やイラストのほかにも、映画や写真、音楽など、作品にはすべて、それをつくった人に著作権があたえられるんだ。プロがつくったものだけではなく、キミや友だちが書いた作文などにも著作権があるんだよ。著作権は大事な権利だから、作品を勝手に利用するのはやめよう。

問題4 コンピューターウイルスってよく聞くけど、感染するとどうなるの？

むずかしさ★★★

A パソコンやスマホが熱くなってこわれる

B データを盗まれたり操作をされたりする

答え B データを盗まれたり操作をされたりする

パソコンやスマホからひみつを盗む

　コンピューターウイルスとは、パソコンやスマホ、タブレットなどに入りこんでトラブルを引きおこすプログラムのこと。もし感染してしまうと、ウイルスはさまざまな悪さをするんだ。たとえば大切なデータを盗んだり、勝手に操作してあちこちにメールを送ったり。コンピューターが動かなくなることもあるよ。

　ウイルスがくり返し操作をすることでコンピューターが熱をもつ可能性はある。だけど、それでこわれることはほぼないよ。

ウイルスはどんどん進化するやっかいな存在だ！

クイズ深掘り！

ウイルスに感染するとこんな影響も

　ウイルスによる被害は、ほかにもおこっているよ。パソコンやスマホのカメラをのっとられて盗撮されたり、クレジットカードを不正利用されたり、迷惑メールが大量に送られてきたりと、被害の種類はさまざま。一度感染するとその影響は大きく広がっていくんだ。

問題5 コンピューターウイルスはいったいどこからやってくるの？

むずかしさ★★★

A～Dから正しいものを選んでね

答え

A・B・D

メールで届いたファイル、ダウンロードしたデータ、ウェブサイト

メールやサイトなど感染経路は幅広い

コンピューターウイルスは、さまざまなルートでパソコンやスマホに入りこんでくるんだ。たとえばメールに書いてあるURLや添付されたファイルをクリックしたときに感染することがあるよ。場合によってはメールを開いただけで感染することも。

また、動画やゲーム、アプリなどのデータのほか、ウェブサイトにひそんでいることもあるよ。だから、それらをダウンロードしたり、サイトを見たりしただけで感染することがあるんだ。

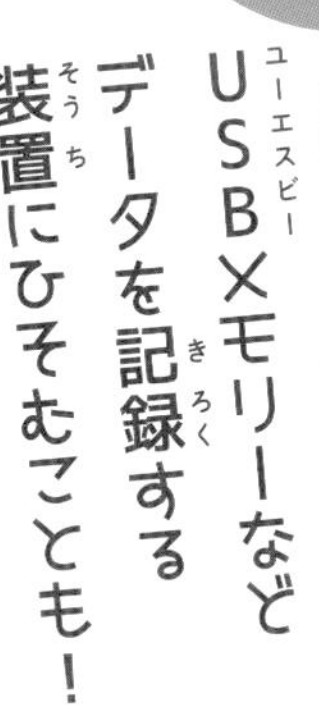

USBメモリーなどデータを記録する装置にひそむことも!

クイズ深掘り!

1台が感染するとほかのパソコンにも広がる

学校や会社のパソコンは、パソコン同士が回線でつながっていることが多いんだ。もしそのうち1台でもウイルスに感染したら、回線をつたって、ほかのパソコンにもどんどんウイルスが広がっていってしまうよ。

SURVIVAL COLUMN

コンピューターウイルスへの対策

知らないうちに感染していることが多いコンピューターウイルス。とくにネットを使い始めたばかりのときは注意が必要だよ。感染してからウイルスをとりのぞくのはたいへんなんだ。だから、ここでウイルス対策をしっかり学んで予防しよう。

ウイルス対策ソフトを使う

ウイルス対策ソフトは、コンピューターの警備員のような役割をするソフト。パソコンやスマホに入れておくと、ウイルスが入りこむのを防いでくれるよ。

知らない人からのメールは開かない

こころあたりのないメールやファイルは絶対に開いてはダメ。友だちの名前で届いたとしても、件名が英語だったり、おかしな内容だったりしたら、開く前に友だちに確認しよう。

知らないネット回線につながない

街のなかには、パソコンやスマホをネットにつなげるWi-Fiが無料で使える場所もあるよ。だけど、なかには接続するとウイルスに感染するものもあるから注意が必要なんだ。

ウイルスに感染してしまったら?

おとなに相談して、パソコンやスマホをネット回線から切断しよう。そしてウイルス対策ソフトでウイルスをとりのぞくんだ。だけど、それでも直らないこともある。だから感染しないように予防することがなにより大事だよ。

問題(もんだい) 6 動画(どうが)の再生(さいせい)ボタンをクリックしたら、お金(かね)を請求(せいきゅう)された！ どうする？

むずかしさ★★★

A お金(かね)をはらう

B お金(かね)ははらわない

なにもせず、無視してOK!

動画の再生ボタンやサイトの広告などをクリックしたら、とつぜん「お金をはらってください」という画面があらわれることがあるよ。その正体は詐欺サイト。だから、お金をはらう必要はないんだ。あわてずに、そのサイトからはなれよう。

「住所はわかっている」「裁判所にうったえる」というメッセージが届くこともあるけれど、それらは全部ウソ。相手はなにも情報をつかんでいないし、お金をはらう義務もないから無視しよう。

不安なときは警察などの相談窓口へ連絡しよう

A を選んだキミは…

振りこみました

ではつぎに会費をはらってください…と!

ヒヒヒッ

もしお金をはらってしまったら?

お金をはらってしまうと、さらに高い金額を要求されることも。また、こちらから相手に連絡することで、相手に電話番号やメールアドレスを知らせてしまうことになるよ。こまったときはひとりでなんとかしようとせず、おとなの力を借りるようにしてね。

問題 7 危険なサイトがあるって聞いたよ。いかないようにする方法はある？

むずかしさ★★★

A いけないようにする機能がある

B いかないように気をつけるしかない

いけないようにする機能がある

フィルタリングを活用しよう

インターネットを使っていると、うっかり危険なサイトにいきついてしまうことがあるよ。これを防ぐのがフィルタリング機能。設定しておけば、犯罪や薬物、自殺などにかかわる危険なサイトにアクセスすることを、自動的に制限してくれるんだ。

18歳未満の子どもがスマホをもつ場合、保護者が「設定しなくていい」と申請しないかぎり、携帯電話会社はフィルタリングを設定する必要がある。これは法令で義務づけられているよ。

フィルタリングをうまく使って安全にネットを楽しもう！

クイズ深掘り！

あやしいサイトをさけるのも大事！

フィルタリングを設定しても、すべての危険なサイトへのアクセスを防げるわけじゃないんだ。だから、あやしいサイトには近づかないように気をつけることも大事だよ。日本語がおかしいサイトや広告ばかりのサイトなどは、危険な可能性があるからさけるようにしよう。

問題 8

スマホを買ってもらった！ 画面はどれくらいの距離で見るといい？

むずかしさ★★★

A 本を読む距離

B テレビを観る距離

30センチメートル以上はなす

スマホに集中していると、ついつい画面に顔を近づけすぎてしまいがち。それに、背中が丸まって姿勢が悪くなっていることも多いんだ。そんな状態で使い続けると、視力が落ちたり、骨格がゆがんだりといった問題がおこるよ。

スマホを使うときには、背筋を伸ばして目とスマホの距離を30センチメートル以上あけるようにしよう。また、30分に1回はスマホを使うのはやめて、しっかり目を休めよう。

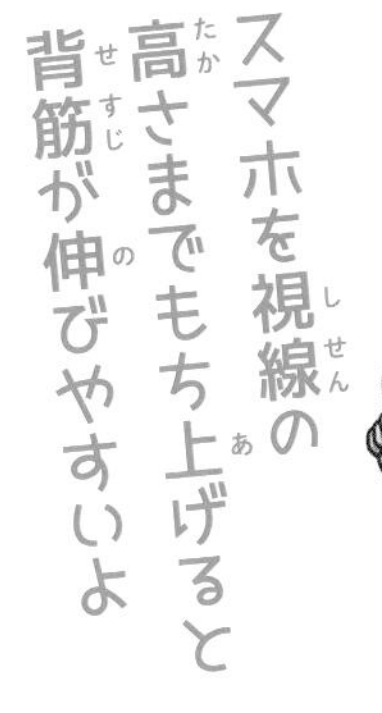

クイズ深掘り！

スマホが目にあたえる影響は？

スマホを毎日何時間も見つめ続けていると、乾燥によって目の表面にキズがつく「ドライアイ」や、視力が落ちる「スマホ老眼」、黒目の位置が中心からずれる「スマホ斜視」などになってしまうこともあるんだ。もし、目に違和感を感じたらすぐ病院にいこう。

問題 9

外でスマホを見るときに注意しなきゃいけないことって？

むずかしさ★★★

絵のなかからやってはいけないことを3つ選んでね
○×△こうえん

答え

歩きながら使う、自転車に乗りながら使う、じゃまになる場所で使う

ほかの人や自分の安全のためにマナーを守って使おう

場合によっては大事故の原因に

外でスマホを使うときは、止まって使うのが基本。歩きながら使う「歩きスマホ」をしていると、人にぶつかってケガをさせる可能性があるよ。また、自転車に乗りながらスマホを使うのは絶対にダメ。大きな事故につながるし、事故をおこさなかったとしても、5万円以下の罰金をはらうことになる場合もあるんだ。止まって見るときも、とつぜん足を止めたり、ほかの人の迷惑になる場所で操作したりするのはやめようね。

スマホによる自転車死亡事故

スマホを操作しながら自転車に乗っていたことで、歩行者とぶつかり、相手を死なせてしまう事故もおきているよ。スマホを見ているとまわりへの注意力が落ちて、目の前に人がいても気づかないんだ。相手や自分の命を危険にさらす自転車に乗りながらのスマホは絶対にやめよう。

SURVIVAL  COLUMN

ながらスマホはこんなに危険！

「歩きながら」「自転車に乗りながら」など、なにかをしながらスマホを使うことを「ながらスマホ」というよ。ながらスマホをしていると、スマホの操作に集中してまわりが見えなくなり、大きな事故を引きおこすことになるんだ。

ながらスマホによる事故にはどんなものが多い？

人やものにぶつかる

転んでケガをする

電車のホームなどから落ちる

問題 10

SNSのアカウントを登録しよう! パスワードはどんなものがいいの?

むずかしさ★★★

自分と関係のない文字で複雑なもの

おぼえやすい=盗まれやすい

SNSを使うにはアカウント登録が必要。アカウントとは利用する権利のことで、登録のときには、本人であることを証明するパスワードを設定するよ。誕生日などのおぼえやすいものを使いたくなるけれど、そのようなパスワードはかんたんに見破られて、アカウントがのっとられてしまう危険性が高いんだ。自分に関係することばや数字はさけるのがベスト。わすれるのが心配なら、紙にメモして人目につかないところにしまっておこう。

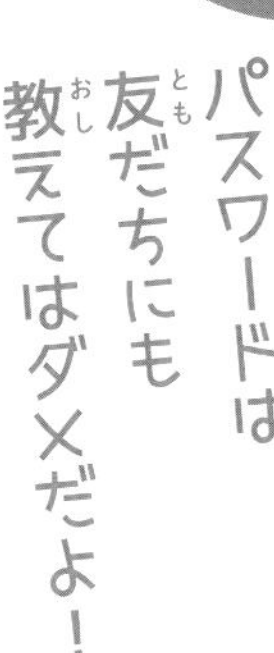

クイズ深掘り!

アカウントがのっとられたらどうなるの?

アカウントがのっとられると、さまざまなトラブルがおきるよ。勝手にほかの人にメッセージを送られてしまったり、キミになりすまして買いものをされたり。だからパスワードは、ほかの人にわからないものにしないといけないんだ。

問題 11
スマホで撮影してはいけないものがあるんだって。それってなに？
むずかしさ★★★
mocomo
＜アルバム
A 書店の本やマンガ
ボウ
C 公園の草花

100%
A～Dから撮ってはいけないものを選んでね
B ほかの人をこっそり
D 美術館の絵

書店の本やマンガ、ほかの人をこっそり、美術館の絵

本やマンガの撮影は万引きとおなじ

スマホのカメラを使うときは注意が必要だよ。書店で売っている本やマンガを撮影してはダメ。これは本のなかみを盗むことになるんだ。ほかの人をこっそり撮影するのもいけないよ。人にはだれでも「肖像権」があるからね。肖像権は「本人に断りなく、そのすがたを撮影されたり公開されたりしない権利」で、これをおかすと相手にうったえられることも。美術館の絵は、作品を守るためなどの理由で撮影が禁止されていることが多いよ。

クイズ深掘り！

撮影するときは許可をとる

美術館などには撮影禁止の看板が出ていることも多いよ。だけど看板がなくても、撮影をひかえたほうがいい場所はたくさんある。たとえば、お寺や神社、レストランなどで無断で撮影するのはマナー違反。ほかの場所でも、撮影するときはお店の人や係の人に確認してからにしようね。

スマホを使ってはいけない場所

街のなかにはスマホの電源をオフにしたり、マナーモードにしたりしなければならない場所があるよ。着信音や通話の声は自分が思っているよりも、まわりの人にとっては大きく感じられるんだ。また、場所によっては画面のライトにも注意してね。

通話はマナー違反。混雑している優先席のそばでは電源をオフに。

本を読むじゃまにならないよう、通話はしないこと。もちろん着信音にも注意。

通話や着信音は演奏のじゃまに。会場のアナウンスにもしたがおう。

上演中に音が出ないようにするのはもちろん、操作はしないのがマナー。

画面の明かりがまわりの人の迷惑に。上映中はかばんなどにしまおう。

機内のアナウンスにしたがって、電源をオフにするか機内モードに。

スマホはかばんなどのなかに。操作していると盗撮とかんちがいされることも。

ほかの患者さんの迷惑にならないよう、通話は決められた場所で。

問題 12

夜、寝る前にスマホを見ていたら、どうなるの？

むずかしさ★★★

ブルーライトが眠りをさまたげる

スマホの画面はとても明るいよね。これはブルーライトという青色の光が使われているからなんだ。夜にスマホを見ていると、脳がブルーライトを太陽の光とかんちがいして、昼間だと思いこんでしまうよ。これによってからだのリズムがくるってしまい、眠りが浅くなるんだ。

寝不足を防ぐためにも、夜はできるだけ早めにスマホを使うのをやめて、ゆっくり目やからだを休ませよう。

寝不足が続くとからだやこころの不調につながるよ

クイズ深掘り！

ブルーライトはどんなものに使われているの？

ブルーライトはスマホだけではなく、パソコンやタブレット、ゲーム機、テレビなどにも使われているんだ。ゆっくりからだを休めるためには、スマホはもちろん、夜にこれらの電化製品を使うのをひかえることも大事だよ。

問題13

ネットにアップした投稿は永久に残るって聞いたよ。これって本当？

むずかしさ★★★

A 投稿を削除したら残らない

B 投稿を削除しても残ることがある

投稿を削除しても残ることがある

削除しても、またアップされてしまう

「ネットの投稿はすぐに削除できるから」と、軽い気もちで写真やコメントをアップしていないかな？　じつは、ネットの投稿はかんたんに削除できないこともあるよ。それは削除する前に投稿を見た人が、その投稿をデータにして自分のパソコンに保存しているかもしれないから。その人がデータをアップしたら、削除したはずの投稿がまたネットに公開されるんだ。このくり返しによって、投稿が永久に残ってしまうんだよ。

投稿する前にしっかり見直すとうっかりを防げるよ

クイズ深掘り!

残したくない投稿ほど残りやすい

ネットに投稿したもののなかでも、とくに悪ふざけやいたずら、名前や住所などの大事な情報、悪口やウソなどは長く残りやすいんだ。それらの投稿が残ったせいで、学校をやめることになったり、就職するときの障害になったりした人もいるんだよ。ネットへの投稿は十分注意しよう。

問題14 自分のはずかしい写真がネットに投稿されてた！ どうする？

むずかしさ★★★

A サイトの管理者に削除のお願いをする

B ひたすらがまんする

サイトの管理者に削除のお願いをする

まずは落ち着いて削除のお願いを

もし見られたくない写真が投稿されているのを見つけたら、すぐにサイトを管理している人に、削除のお願いをしよう。その写真を投稿した人にお願いしてもいいけれど、無視されたりトラブルになったりする場合もある。だから管理者のほうがいいんだ。

残念だけど、写真を削除してもらえたとしても、だれかがデータを保存している可能性はあるよ。ネットに投稿されたものを完全に削除するのは、とてもむずかしいんだ。

どうしても削除してもらえないときは警察に相談しよう

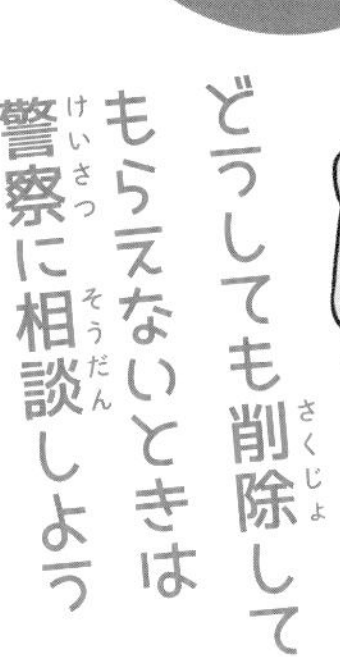

はずかしい写真を撮らせない

ネットで見られたくない写真が広まるのを防ぐ一番の方法は、ほかの人にはずかしい写真を撮らせないこと。撮られるのがイヤなときは、きちんと断ることが大事だよ。また、いくらお願いされてもはずかしい写真は渡さないようにすることもトラブルを防ぐポイントなんだ。

問題15

よく「炎上した！」って聞くけど、これってなんのこと？

ネットで大勢から批判されること

数千、数万の批判が集まる場合も

ネットへ投稿した内容に批判が集まって、燃え上がる火のように手のつけられない状態、それが「炎上」だよ。極端な意見や人の悪口などを投稿することで、おこってしまうことが多いんだ。

ネットへアップした投稿は、世界中の人がいつでも見られるし、だれでもその投稿にたいしてメッセージを送れる。多くの人と交流ができるいっぽうで、炎上もあっというまに数千、数万の人へと広がってしまうよ。このことをわすれないようにしよう。

一部の人が批判をくり返す炎上もあるよ

クイズ深掘り!

炎上をあおるのは投稿者を追いつめるだけ

だれかの投稿が炎上しているのを見つけても、批判メッセージを送るのはやめよう。まちがいはだれにでもあること。もし、ゆるせないような投稿で腹が立ったとしても、顔の見えないネットで責め立てるのは自己満足にしかならないよ。

問題 16 どんなものを投稿すると炎上しやすいのかな？

むずかしさ★★★

A 立入禁止区域に入った写真

B ペットの犬が寝ている写真

明日、東京タワーに
よじ登りまーす☆

A～Dから正しいものを
選んでね

C 迷惑なウソ予告

D 有名人の
かくし撮り写真

答え
A・C・D

立入禁止区域に入った写真、迷惑なウソ予告、有名人のかくし撮り写真

迷惑を考えない行動が炎上のもとに

極端な意見や悪口以外にも炎上しやすいものがあるよ。たとえば、立入禁止の場所に入るなど悪ふざけをしている写真はとくに炎上しやすいんだ。ウソやいたずらの予告も炎上の原因になるよ。また、有名人を勝手に撮った写真など、プライバシーを無視した投稿も炎上しやすいものの1つ。注目を集めたいからといって、人の迷惑になることや法律にふれることをすると、大炎上につながることをおぼえておこう。

悪ふざけやいたずらの予告は逮捕されることも

クイズ深掘り!

実生活に影響が広がる危険も

炎上すると、たくさんの批判メッセージが届くだけではすまないこともあるよ。最悪の場合、本人やその家族の住所、電話番号などが調べあげられて、勝手に公開されてしまうことも。その結果、家に押しかけられたり、いたずら電話が鳴りやまなかったり……、なんてこともおこりうるんだ。

SURVIVAL  COLUMN

炎上してしまった場合の対処法

もし炎上してしまった場合、あわてて行動するとさらに状態が悪化してしまうこともあるんだ。ここでは炎上への対処法を紹介するよ。ただし、炎上した理由や広がり方によっても対策は変わるから、ひとりでかかえこまずに、まずはおとなに相談しよう。

炎上した記事をすぐに削除しない

批判されているからといって、投稿をすぐに削除するのは逆効果。炎上している投稿は、ほかの人にデータを保存されている場合が多いんだ。削除してもすぐ投稿した内容をネットにアップされてしまううえ、「削除するなんてひきょうだ」と批判が増えることもあるよ。

芽茶モエル

このたびは たくさんの人に イヤな思いをさせてしまい 申しわけありません。

短い文で誠実にあやまる

あやまりたいと思ったら、まずはこころをこめた短い文章を投稿しよう。「誤解をさせてしまったけれど、本当にいいたかったのは……」など、長々と理由を書いてしまうと、いいわけだと受けとられることも。いいたいことは一度グッとおさえて、反省の気もちを伝えよう。

あやまった後は?

なにもせず落ち着くのを待つ

炎上したときは、アクションをおこすほど状況が悪くなりがち。残念だけれど、炎上をあおって楽しむ悪い人もいるんだ。あやまった後はなにもせず、騒ぎが落ち着くのを待とう。

どうしようもないときは警察に相談しよう

エピローグ　これからも安全に！

歩きスマホで
こけちゃったことも
あったけど…
ガッ
えっ！
危ない！

そういえば
ぼくもヒヤッとしたことが
あったなぁ…
ここを
クリック

インターネットは
ルールやマナーを守って
使うのが大切だね！
情報は
うのみに
しない！
著作権を
守る
ウイルスに
注意！
そうね！
わたしも家族と相談して
スマホの使い方を決めよ！
1日
1時間
夜は
20時まで
使っていい
場所を
確認！

ねぇねぇ、
じつはぼくもネットを
始めたんだけどさ…

いろいろ
教えてよ！
うん！ まかせて！

おとなといっしょに読もう！

インターネットを使った調べもののしかた

世界中の情報が集まるインターネット。パソコンやスマホなどを使って、知りたいことをすぐに調べられるから、とても便利なんだ。だけど、なかには古い情報やまちがいも。ここではインターネットで調べものをするときのポイントを紹介するよ。

調べるときのポイント

1 だれからの情報か確認

だれでも書きこめるネットでは情報を発信した人を確認することが大事。企業や専門家などが公開しているものは、まちがいが少ないよ。

2 いつの情報か確認

信頼できる人の情報でも、時間がたつと状況が変わって正しくなくなってしまうことも。情報がアップされた日の確認はわすれずに。

3 ほかの資料も確認

①や②を確認しても、絶対にまちがいがないとはいいきれないんだ。だから本や新聞など、ほかの資料もあわせてチェックしよう。

知っていると役立つ！ 便利な検索方法

検索方法	例	説明
OR検索	小学生 勉強法	単語の間にスペースを入れると、どちらかがふくまれた情報が検索される。
AND検索	小学生+勉強法	単語の間に「+」（半角プラス）を入れると、すべての単語がふくまれた情報が検索される。
NOT検索	小学生 −勉強法	単語の前に「-」（半角マイナス）を入れると、その単語がふくまれない情報が検索される。
あいまい検索	*学生 勉強法	はっきりわからない部分を「*」（半角アスタリスク）にすると、その単語に近い情報が検索される。
フレーズ検索	"小学生勉強法"	単語を「“ ”」（ダブルクォーテーション）で囲むと、その単語に完全に一致した情報が検索される。

より安全にインターネットを使うには？

インターネットを使うのは便利ないっぽうで、犯罪に巻きこまれたり、使いすぎで不健康になってしまったりする可能性もあるんだ。このようなトラブルをさけるため、子どもがパソコンやスマホを使うときに、制限をつけることができるサービスがあるよ。

安全を守るための機能やサービス

ウェブサイトの閲覧制限

設定しておくと、犯罪や薬物、自殺にかかわるサイトやアダルトサイトなどにアクセスできないよう、自動的に制限してくれる。

アプリの利用制限

危険なアプリをダウンロードしたり、アプリに課金したりするのを防ぐほか、使えるアプリを制限することもできる。

利用時間の制限

ウェブサイトやアプリの利用時間を制限できる。また、パソコンやスマホ自体の利用時間を制限することもできる。

利用状況のチェック

どんなサイトをどれだけ見たか、どんなアプリをどれだけ使ったか、保護者がチェックできる機能もある。

Appleのファミリー共有、Googleのファミリーリンクならこれらの機能が無料で使えるよ！

スマホによっては、さらに位置情報通知サービスや歩きスマホ防止サービスなどが使える場合もあるんだって！

こまったときは専門の窓口へ

「高額なお金を請求された」「投稿が炎上して個人情報が公開されてしまった」など、ネットのトラブルでこまったときは、専門の窓口に相談しよう。子ども専用の窓口もあるから、安心して連絡できるよ。

事件に巻きこまれたときはすぐ警察へ！

相談前に準備しよう

1

すぐにおとなに相談する

まずはおとなに相談しよう。「怒られるかも」とないしょにしていると問題が大きくなってしまうよ。

2

10月21日 20時ごろ
○○動画というサイトから
「5万円振りこんでください」という
メールが届いた。
「少し待ってください」と
返信してしまった。

トラブルの内容を整理する

被害を受けた日や時間、内容、今の状況を紙に書き出しておこう。スムーズに相談できるよ。

3

証拠になるものを印刷する

不正な請求メールや、イヤな書きこみなどは、すぐに印刷しよう。いざというときの証拠になるよ。

相談窓口一覧

都道府県警察本部サイバー犯罪相談窓口

HP https://www.npa.go.jp/cyber/soudan.html

詐欺や不正な高額請求など、ネット犯罪について相談できる各都道府県警察窓口を紹介。

消費者ホットライン

TEL 188

近くの消費生活相談窓口を紹介。高額請求やネットショッピングでのトラブルの相談ができる。

こどものネット・スマホのトラブル相談！ こたエール

HP https://www.tokyohelpdesk.metro.tokyo.lg.jp

インターネットやスマホでのトラブルでこまっている都内在住、在勤、在学者のための相談窓口。

子どもの人権110番

TEL 0120-007-110

ネットでのいじめや中傷に関する相談ができる。子どもはもちろん、おとなも相談可。

インターネット用語一覧

サイト（ウェブサイト）

ウェブページのまとまりのこと。ウェブページとは情報が書かれたネット上の文書のことで、これを集めてまとめたものをウェブサイトという。

アカウント

ネット上のサービスを利用するための権利のこと。サービスごとに、個人情報などを登録してアカウントをつくる必要がある。

ログイン／ログアウト

SNSなどのネットサービスを使うときに、パスワードなどを入力して、そのアカウントのもち主であることを証明すること。ログインすると、自分用のスペースに入れる。ログアウトはその逆。

SNS

ソーシャル・ネットワーキング・サービス(Social Networking Service)の略。登録している人同士で交流したり、自分の情報を発信したりできるサービス。

投稿

ネット上に、文章や画像、動画などを公開すること。

アプリ（アプリケーション）

パソコンやスマホなどで、メールや通話、音楽・動画再生などをするためのソフト。

アップロード／ダウンロード

アップロードはネット上に文章や画像などのデータを転送すること。アップともいう。逆にネット上のデータを自分のパソコンやスマホにとりこむことをダウンロードという。

URL

ウェブサイトがある場所を示した住所のようなもの。アドレスともいう。

Wi-Fi

パソコンやスマホを無線でネットにつなぐ技術のこと。

アクセス

ネットでサイトなどの情報をさがして、そのなかみを見ること。

スクリーンショット

パソコンやスマホの画面を画像として、データに残す機能。スクリーンキャプチャ、スクショと呼ばれることも。

● 監修者

鈴木 朋子（すずき・ともこ）

ITジャーナリスト・スマホ安全アドバイザー。
システムエンジニアとして活躍した後、フリーランスに。SNSやアプリを中心とした記事の執筆を多く手がけるいっぽう、子どもの安全なIT活用をサポートする「スマホ安全アドバイザー」としても活動中。
おもな著書に『クイズでわかる 小学生からのネットのルール』（主婦の友社）、『親が知らない子どものスマホ』（日経BP）、『親子で学ぶ スマホとネットを安心に使う本』（技術評論社）など。

NDC007.3
どっちを選ぶ？クイズで学ぶ！
インターネットサバイバル
①インターネット
監修・鈴木 朋子
日本図書センター
2022年　56P　23.7cm×18.2cm

● イラスト　大野直人
● ブックデザイン　釣巻デザイン室（釣巻敏康・池田彩）
● DTP　有限会社エムアンドケイ（茂呂田剛・畑山栄美子）
● 編集　小園まさみ
● 企画・編集　株式会社 日本図書センター

※本書で紹介した内容は、
2021年11月時点での情報をもとに制作しています。

どっちを選ぶ？ クイズで学ぶ！

インターネットサバイバル

①インターネット

2022年1月25日　初版第1刷発行
2024年8月25日　初版第2刷発行

監修者　鈴木朋子
発行者　高野総太
発行所　株式会社日本図書センター
〒112-0012 東京都文京区大塚3-8-2
電話 営業部 03-3947-9387
出版部 03-3945-6448
HP https://www.nihontosho.co.jp

印刷・製本　TOPPANクロレ株式会社

ISBN978-4-284-00103-8 C8337（第1巻）